Qualcosa da leggere

Lektüre für Anfänger

Herausgegeben von
Lucia von Albertini und Rosanna Brambilla

Ernst Klett Verlag
Stuttgart Düsseldorf Leipzig

Herausgegeben von
Lucia von Albertini, Kursleiterin, München
Rosanna Brambilla, Kursleiterin an der Volkshochschule Böblingen-Sindelfingen

unter Leitung und Mitwirkung
der Verlagsredaktion Weiterbildung und Fremdsprachen

Zeichnungen
Christa Janik, Leinfelden

Bildquellen
© Archiv für Kunst und Geschichte, Berlin 8, 49 – © Arrowsmith 33 – Azienda autonoma di stato filatelica e numismatica, San Marino 24 – Azienda di promozione turistica di Prato 31 – Azienda promozione turistica di Parma 9 – © Gerhard Bäuerle, Gärtringen 52, 54 – © Caffè Florian, Venezia 7 – Comitato di coordinamento per le attività promozionali delle città d'arte, terme, Appennino dell' Emilia-Romagna, Bologna 10 – Disegnatori Riuniti S.r.l., Milano (Cattoni, Dipas) 33 – E.N.I.T., Frankfurt 24, 47, 53 – © Franca Speranza, Milano 6, 9, 17, 23, 39, 50(2) – Guttuso, Roma 14 – G. Hellbardt, Böblingen 29, 30, 51 – Barbara Huter, Stuttgart 15,50(1) – Italienische Botschaft, Heeresattaché, Bonn 21, 22 – Istituto di Cultura Cimbra, Roana 1984 41 – Luciano De Crescenzo, Milano 5, 33 – Martini & Rossi, Torino 13 – Prometh Verlag GmbH & Co. KG, Köln (Granzer, Schütze) 20 – RCS Editoriale Quotidiani, Milano (Eduardo Barattieri) 42 – © Angelo Scipioni, Donatella Ruinoldi 12 – TCI Touring Club Italiano, Milano (dalla Guida Rapida d'Italia TCI; riproduzione autorizzata il 27/06/91): 27

Die Texte basieren auf Artikeln aus:
Corriere della Sera, Milano – Pubblicazioni A.C.I., Milano – Grazia, Arnoldo Mondadori Editore, Milano – Bell'Italia, Editoriale Giorgio Mondadori, Milano – Pubblicazioni E.N.I.T., Roma – Mondo cucina, Armando Curcio Editore, Roma

Umschlagfoto: Reiner Thie, Berlin

9 783125 663008

1. Auflage 1 11 10 9 8 | 2006 2005 2004

Alle Drucke dieser Auflage können im Unterricht nebeneinander benutzt werden, sie sind untereinander unverändert. Die letzte Zahl bezeichnet das Jahr dieses Druckes.

Internetadresse: http://www.klett-verlag.de
Satz: Hahn Medien GmbH, Kornwestheim
Druck: Niethammer, Reutlingen
Printed in Germany
ISBN 3-12-566300-8

Inhalt

Vorwort

Lesen ist ein Vergnügen, und um auch dem Anfänger diesen Genuß zu ermöglichen, haben wir diese einfache Textsammlung erstellt. Sie reicht von der Bildgeschichte über das Interview bis hin zum literarischen Text, zum Gedicht. Ebenso vielfältig sind die darin enthaltenen landeskundlichen Themen. So können Sie zum Beispiel erfahren, wie die Pizza Margherita zu ihrem Namen kam, warum die Leute in Campodimele so lange leben oder was den 6. Januar in Italien vom deutschen Dreikönigstag unterscheidet.

Der sprachliche Schwierigkeitsgrad der einzelnen Texte folgt der Progression von **Buongiorno 1.** Thematisch sind die Lektüren jedoch nicht an die Lektionen von **Buongiorno** gebunden und können auch als lehrwerksunabhängiger Lesestoff im Unterricht oder zu Hause verwendet werden.

Die zahlreichen Übungen dienen dem Vertiefen des Textverständnisses, der Wortschatzarbeit sowie der weiterführenden Konversation und dem schriftlichen Ausdruck.

Bevor Sie sich nun ans Lesen machen, möchten wir Ihnen noch einige Tips geben:

- Versuchen Sie, den Text in seiner **Gesamtheit** zu erfassen. Halten Sie sich also nicht bei jedem unbekannten Wort oder jeder unverstandenen Textstelle auf, beim Weiterlesen klärt sich oft einiges!
- Lesen Sie den Text so oft durch, wie Sie es für nötig halten. Machen Sie beim zweiten oder dritten Durchlesen die Wortschatzübungen, sie helfen Ihnen, noch eventuell vorhandene Verständnisschwierigkeiten zu beseitigen.
- Vergessen Sie aber vor allem nicht, daß sowohl Ihre logischen Fähigkeiten wie auch Ihre sonstigen sprachlichen und nichtsprachlichen Kenntnisse zum Verständnis eines (fremdsprachlichen) Textes beitragen.

So, und nun wünschen wir Ihnen beim Lesen viel Vergnügen!

Raffaele

Raffaele è un personaggio di Luciano De Crescenzo, famoso scrittore napoletano. Raffaele rappresenta l'uomo solo e triste, senza famiglia, senza amici, senza amore.

scrittore *Schriftsteller* – **solo** *allein, einsam* – **triste** *traurig*

Attività di lavoro

1. Recitate la scena in classe.

2. Rispondete.
   - Lei vive solo? Desidera vivere solo?
   - Raffaele è un nome tipico dell'Italia del Sud. C'è un nome tipico della Germania del Nord o del Sud?
   - Raffaele è un nome maschile. Conoscete la forma femminile?

3. Trovate nel testo le espressioni corrispondenti a:
   berühmt – Mensch – Freunde

Intervista a un venditore di colore

Sulla spiaggia di Ravenna vedo sempre molti venditori di colore.
Ecco una breve intervista con uno di loro.

- Come ti chiami?
- In Nigeria Libita, in Italia Sorriso. (Capisco il nome, perché Libita ha un sorriso bellissimo.)
- Di dove sei?
- Di Lagos, in Nigeria.
- E dove abiti qui, in Italia?
- In estate al campeggio vicino alla spiaggia.
- E in inverno? Vai a casa?
- No, è troppo lontano e costa molto. In inverno vado in Sicilia o a Parigi.
- Che cosa fai?
- Vendo molte cose: sigarette, radio, t-shirt, asciugamani...
- Hai amici?
- Sì, al campeggio abito con due amici nigeriani, ma ho anche un amico italiano e a Parigi ho un'amica francese, si chiama Nicole e studia sociologia.

Arriva una signora, prende un asciugamano e domanda:

- Quanto costa?
- Costa poco, solo 15 euro.
- Troppo caro!
- 12 euro.
- No, è ancora troppo caro!

Alla fine la signora prende l'asciugamano per 10 euro.

venditore *Verkäufer* – **di colore** *farbig* – **spiaggia** *Strand* – **sorriso** *Lächeln* – **estate** *Sommer* –**asciugamano** *Handtuch* – **arrivare** *kommen* – **alla fine** *am Ende*

Attività di lavoro

1. Domande sul testo:
   - Come si chiama questo venditore?
   - È italiano?
   - In inverno torna in Africa?
   - Vive solo?
   - Che lavoro fa?
2. Indicate il contrario di:
   estate – lontano – domandare – poco – bello
3. Raccontate la storia di Libita.
4. Rispondete.
   - Lei compra qualcosa sulla spiaggia dai venditori di colore? Che cosa?
   - Ha un amico straniero? Di dov'è? Dove abita? Che cosa fa?

Il Caffè Florian

Il 29 dicembre 1720, in Piazza S. Marco, Floriano Francesconi apre il primo caffè d'Italia.
Ha subito fortuna.
Nel caffè di Francesconi vengono ricchi signori e belle donne. C'è anche il più famoso cavaliere dell'epoca: Giacomo Casanova.
Ma non tutti sono lì solo per bere un caffè. C'è chi va al Florian per avere informazioni di carattere politico (e poi vende queste informazioni al governo austriaco).
Più tardi arrivano al Caffè Florian personaggi famosi come: Richard Wagner, Marcel Proust, Ernest Hemingway, Salvador Dalí, Erich Maria Remarque.
Molti scrittori parlano del Florian nelle loro opere, ma il complimento più bello è forse quello dello scrittore austriaco Karl Hernold:

L'Italia è il paese più bello d'Europa
Venezia è la città più bella d'Italia
Piazza S. Marco è la piazza più bella di Venezia
Il Florian è il caffè più bello della piazza
Così io bevo il mio caffè nel posto più bello del mondo.

vengono *sie kommen* – **donna** *Frau* – **vendere** *verkaufen* – **più tardi** *später* – **arrivare** *(an)kommen* – **parlare** *sprechen*

Attività di lavoro

1. Domande sul testo:
   - Nel 1720 chi frequenta il Caffè Florian? E più tardi?
   - Che cosa fa la gente al Caffè Florian?
2. Trovate nel testo le espressioni corrispondenti a:
   er eröffnet – Glück, Erfolg – reiche Herren – trinken – Regierung – Werke – Welt
3. Facciamo una ricerca.
   In questo testo troviamo nomi famosi. Raccontate qualcosa di questi personaggi.
4. Rispondete.
   - Conoscete altri locali famosi in Italia? Quali?
   - Prendete volentieri il caffè? Quali tipi di caffè conoscete?
   - Qual è, per voi, la città più bella d'Italia?
5. Scrivete i nomi di 5 paesi d'Europa che amate molto, in ordine di preferenza. Confrontate poi con il vostro vicino.

alcuni - Pl.
qualche Sing.

La pizza Margherita

Il 6 giugno 1889 la regina Margherita di Savoia chiama a corte il pizzaiolo Peppino Brandi.
Per la regina Peppino prepara una pizza «patriottica» con alcuni ingredienti che hanno i colori della bandiera italiana, bianco rosso e verde:
il verde del basilico,
il bianco della mozzarella,
il rosso del pomodoro.
La pizza piace alla regina e prende il suo nome.

regina *Königin* – **chiamare** *rufen* – **ingredienti** *Zutaten* – **colore** *Farbe* – **bandiera** *Flagge, Fahne*

Attività di lavoro

1. Domanda sul testo:
   Perché la pizza di Peppino è una pizza patriottica?
2. Cercate nel testo:
   - Come dicono gli italiani i colori della bandiera?
   - Qual è l'ordine corretto dei colori?
3. Le pizze hanno nomi fantasiosi.
   Sappiamo ora perché la pizza Margherita si chiama così.
   Come vi spiegate questi altri nomi?

Quattro stagioni	Vegetariana
Calzone	Bianca
Marinara	Diavolo

4. Anche voi desiderate preparare una pizza «patriottica».
   Quali ingredienti prendete?
5. «Che pizza ...!», dicono gli italiani. Sapete quando?

„So ein Mist"

In che città siamo?

Qui vediamo il centro della città con il duomo e il battistero. Il duomo (1090–1130) e il battistero (1196–1216) sono i simboli della città e sono monumenti molto importanti della cultura italiana. In queste strade c'è ancora il profumo di «lei», della grande Maria Luigia d'Austria, seconda moglie di Napoleone, e nell'aria senti le dolci note della musica di Verdi.

profumo *Duft* – **dolce** *sanft*

Qui la gente ama molto la musica, soprattutto la musica di Verdi. In questa città ci sono due teatri molto famosi e acusticamente perfetti: il teatro Farnese del 1628 con posti per cinquemila persone e il teatro Regio del 1829. Il pubblico di questa città è un pubblico molto esigente e quando va a vedere il melodramma vuole la perfezione. Al teatro Regio solo i bravissimi hanno successo.

esigente *anspruchsvoll* – **volere** *wollen* – **successo** *Erfolg*

La campagna a nord di questa città si chiama «la Bassa» perché è così: bassa, piatta. Il paesaggio è regolare, monotono. Nei mesi di luglio e agosto il sole è molto forte, ma nei mesi di novembre e dicembre c'è solo nebbia, nebbia e ancora nebbia. Ma la Bassa ha anche un grande fascino, un fascino segreto che bisogna saper vedere.

campagna *Land* – **forte** *stark* – **fascino** *Zauber* – **segreto** *geheimnisvoll*

Attività di lavoro

1. Rispondete.
   - Come si chiama questa città?
   - In quale regione è? Cercate sull'atlante.
   - Conoscete i prodotti di questa città?
   - In che mese preferite visitare questa città? Come mai?

2. Trovate nel testo le espressioni corrispondenti a:
   Landschaft – Sonne – Nebel

3. Quali parole caratterizzano la campagna? Quali il paesaggio?

L'Emilia-Romagna

Questa regione prende il nome dalla via Emilia, costruita dal console Marco Emilio nel 187 a.C.
È una regione agricola, ma negli ultimi anni l'industria ha avuto un grande sviluppo.
La città principale è Bologna, di origine etrusca. Bologna è in una posizione strategica, a metà strada tra il Nord e il Sud. È il punto d'incontro delle attività industriali, commerciali, artistiche e culturali del Paese.
È chiamata «la dotta» per la sua famosissima università e «la grassa» per la sua eccellente cucina.
Tra città e città ci sono molte differenze: cambia il dialetto e cambia l'architettura. Come scrive Enzo Biagi nel suo libro sull'Italia, per arrivare ai mosaici di Ravenna bisogna attraversare il romanico di Modena, il gotico di Bologna e i monumenti che il Rinascimento ha lasciato a Ferrara.
In questa regione, che oggi ha circa 4 milioni di abitanti, sono nate moltissime persone famose. Ecco alcuni nomi che tutti conoscono: Verdi, Marconi, Toscanini, Pasolini, Ferrari, Fellini.

agricolo *landwirtschaftlich* –
sviluppo *Entwicklung* –
principale *Haupt-, wichtigste(r)* –
Paese *Land (= Italien)* –
cambiare *(sich) ändern*

Attività di lavoro

1. Trovate nel testo le espressioni corrispondenti a:
   Treffpunkt – die wichtigste Stadt – die «Gelehrte» – die «Fette» – Unterschiede – auf halbem Wege

2. Rispondete.
   – Perché Bologna è in una posizione strategica?
   – Come mai è chiamata «la dotta» e «la grassa»?
   – Di quali stili parla il testo?

3. Cercate sulla cartina altre città importanti dell'Emilia-Romagna. Conoscete queste città? Raccontate.

4. Chi conoscete delle persone famose nominate nel testo? Raccontate qualcosa di loro.

Campodimele:
un paese dove la gente vive più a lungo

C'è un paese dove gran parte della gente vive molto a lungo. Questo paese si chiama Campodimele ed è nel Lazio, vicino a Latina, 130 km a sud di Roma.

Gli uomini e le donne di questo paese spesso vivono cent'anni o anche di più e sono sempre molto attivi. Il perché di questo fenomeno non è conosciuto. È un fattore ereditario? È l'alimentazione? Chi lo sa.

L'alimentazione a Campodimele è insieme povera e tradizionale: pane, pasta, legumi, verdura e frutta, poco formaggio, poca carne e solo carne bianca. Praticamente la «dieta mediterranea», quella che è venuta di gran moda negli ultimi anni.

Anch'io sono andato a Campodimele e ho parlato con il signor Antonio, uno dei pochi che non ha lasciato il paese per andare a lavorare al Nord. Il signor Antonio ha più di cento anni e fa ancora il contadino.

Dice: «Lavoro. Non sono stanco. Do un aiuto anche in cucina quando mia moglie, 98 anni, fa il pane. Siamo gente tranquilla.» Alla mia domanda un po' indiscreta: «E ... con l'amore?», Antonio sorride: «Eh, beh..... va!»

fattore ereditario *Erbfaktor* – **legumi** *Hülsenfrüchte* – **contadino** *Bauer*

Attività di lavoro

1. Raccontate in poche parole di Campodimele e della gente che ci abita.
2. Combinate le espressioni corrispondenti.

dare un aiuto	lächeln
povero	müde
stanco	einfach
sorridere	helfen

3. Rispondete.
   - Per vivere a lungo che cosa bisogna fare?
   - Conoscete la dieta mediterranea o altre diete?
   - Qual è, secondo voi, la carne bianca?
   - Quali sono i pro e i contro della vita a Campodimele?
4. Cercate nel dizionario:
   - i due significati della parola «paese».
   - il nome di un legume che conoscete.

Il Vermouth

Il vermouth è un prodotto torinese oggi conosciuto in tutti i paesi. La parola vermouth viene, dicono, da due vecchie parole tedesche: «weren» che vuol dire «difendere/aiutare» e «Muth» che vuol dire «spirito». Il vermouth è quindi una bevanda che aiuta lo spirito? Chissà. E chissà, chi ha trovato questo nome; forse un torinese che è andato in Germania o un tedesco che è venuto a Torino... Sappiamo però che la produzione industriale del vermouth è cominciata nella seconda metà del '700. I Savoia, poi, hanno fatto conoscere questo prodotto in tutto il mondo: infatti il vermouth è sempre stato il loro regalo tipico alle personalità straniere.

bevanda *Getränk* –
metà del '700 *Mitte des 18. Jahrhunderts* –
regalo *Geschenk*

Attività di lavoro

1. Qual è il significato di «vermouth» secondo il testo?
   Conoscete altre parole tedesche usate in Italia o parole italiane usate in Germania?

2. Facciamo una ricerca.
   Nel testo avete letto il nome «Savoia».
   Sapete qualcosa di questa famiglia?

3. Un prodotto di Torino è un prodotto torinese.
   Come si dice quando un prodotto viene dalle seguenti città? Aiutatevi con il dizionario.

Napoli	Firenze
Milano	Venezia
Roma	Genova

4. Siete in Italia in casa di amici.
   Che cosa vi offrono da bere:
   - alle 12.30?
   - alle 15?
   - alle 21.30?

Che cosa rappresenta, secondo voi, questo quadro? Renato Guttuso, 1974

La Vucciria

La Vucciria è il quartiere-mercato di Palermo. È il cuore della città, un posto straordinario dove vanno tutti: quelli che comprano solo poche olive perché non possono fare altro e quelli che comprano mezzo vitello per volta. Lì trovi il gran signore, l'artista, il disoccupato, il ladruncolo.
Il mercato è di origine araba, si trova fra strade strette e alte che vanno su e giù e la gente sale e scende in continuazione. Qui è possibile comprare non solo frutta, verdura, carne, pesce, ma anche piatti già pronti.
La Vucciria è anche il titolo di un famoso quadro di Renato Guttuso, il pittore palermitano che con i suoi colori ha saputo interpretare lo spirito di questa città.

Attività di lavoro

1. Combinate le espressioni corrispondenti.

il cuore della città	persona senza lavoro
non possono fare altro	il nome
il disoccupato	non possono comprare altro
sale e scende	il centro
il titolo	sempre
in continuazione	va su e giù

2. Cercate nel testo i vari tipi di persone che frequentano il mercato. Con l'aiuto del vocabolario dite chi sono.

3. Trovate nel testo le espressioni corrispondenti a:
außergewöhnlich – eng –
Maler – Geist – auf einmal

4. Rispondete.
   - Vi piace il quadro di Guttuso? Motivate la vostra risposta.
   - Conoscete altri pittori italiani?
   - Amate la pittura? Avete un pittore o un quadro che amate particolarmente?

La fonte di Aretusa

La fonte di Aretusa si trova a Siracusa, in Sicilia, ed è il simbolo di questa città. La sua leggenda è una bella storia d'amore. Aretusa, figlia di Nereo, dio del mare, e di Doride, ninfa di Diana, è bella e gentile. Alfeo, dio del fiume, si innamora di lei. Aretusa però non lo ama e chiede aiuto a Diana. Diana la trasforma in sorgente, ma anche Alfeo, con l'aiuto di Zeus, diventa una sorgente e così unisce le sue acque a quelle di Aretusa. Questa unione continua da almeno 3000 anni.

fonte *Quelle* –
ninfa *Nymphe* –
sorgente *Quelle* –
unire *vereinigen*

Attività di lavoro

1. Trovate nel testo le espressioni corrispondenti a:
   Liebesgeschichte – Gott – sich verlieben – verwandeln – Verbindung

2. Rileggete il testo e rispondete.
   - Chi è innamorato?
   - Di chi è innamorato?
   - Chi chiede aiuto?
   - A chi chiede aiuto?
   - Come riceve aiuto?

3. La fonte di Aretusa è il simbolo di Siracusa. Conoscete il simbolo di altre città italiane?
   Per esempio:
   Pisa – la torre
   Napoli – ....
   Milano – ....
   Venezia – ....
   Bologna – ....
   Firenze – ....
   Roma – ....
   E qual è il simbolo della vostra città?

Storia di un dolce famoso: il panettone

È l'anno 1495. Per festeggiare il Natale, Ludovico il Moro, Signore di Milano, invita al castello tutte le persone importanti e offre un grande pranzo. Il banchetto dura ormai da alcune ore ed è quasi arrivato il momento di offrire il «dessert» come lo chiamiamo noi oggi. Ma il capocuoco vede che i dolci preparati con grande attenzione sono bruciati. Disperazione generale: questo può costare la testa al cuoco e ai suoi aiutanti! Un ragazzo di nome Toni, aiutante di cucina, innamorato della figlia del cuoco, viene avanti e dice che ha preparato per sé e per il personale del castello del pane dolce con uvetta e canditi e lo offre al cuoco. Il cuoco serve questo pane al posto dei dolci bruciati. Il «pan de Toni» arriva sulla tavola del Signore e tutti lo trovano buonissimo.
Da allora i milanesi festeggiano il Natale con il panettone. Naturalmente Toni sposa la figlia del capocuoco e vivono insieme per molti anni felici e contenti.

Natale *Weihnachten* – **da** *seit* – **testa** *Kopf* – **per sé** *für sich* – **uvetta** *Rosinen* – **canditi** *kandierte Früchte*

Attività di lavoro

1. Combinate la parole corrispondenti.

durare	verbrennen
capocuoco	glücklich
bruciare	dauern
disperazione	Verzweiflung
aiutante	Küchenchef
felice	Gehilfe

2. Cercate nel testo i seguenti significati del verbo «offrire»:
auftragen/servieren – geben – anbieten

3. Che cosa racconta il testo
   - di Ludovico il Moro?
   - del capocuoco?
   - di Toni?

4. Rispondete.
   - Che cos'è secondo voi «un grande pranzo»?
   - Conoscete altri dolci italiani? Li sapete preparare?

La Ciociaria

È una piccola regione senza confini precisi a sud-est di Roma. Il suo nome viene da «ciocie», le scarpe dei contadini. Oggi però i contadini mettono le ciocie solo per le feste in costume. Già prima dei romani questa regione era importante e conosciuta. I resti delle mura di alcune città, come le mura megalitiche a Arpino, risalgono a quella lontana età. Di epoca romana sono invece i resti di templi famosi come quello della Fortuna Primigenia a Palestrina.
La capitale della Ciociaria è Frosinone, una città viva e con un certo sviluppo industriale, che però non offre molto dal punto di vista turistico. Nel corso dei secoli, infatti, i suoi monumenti sono stati distrutti dai saraceni, dai normanni, dagli svevi, dagli angioini, dal terremoto del 1350, dai lanzichenecchi, dagli spagnoli, dai francesi e i pochi che erano rimasti, dai bombardamenti del 1944. Insomma, per questa regione da Annibale in poi ci sono passati tutti.
Una città ricca di monumenti storici invece è Anagni, detta anche la «città dei papi» perché nel medioevo è stata la residenza di molti pontefici, tra gli altri anche di Bonifacio VIII, il papa che nel 1300 ha indetto il primo «Anno Santo».
I ciociari illustri sono stati tanti, ma forse il più famoso è Cicerone, chiamato «Homo Arpinas», cioè l'uomo di Arpino. Cicerone è stato sempre molto orgoglioso delle sue origini ciociare.

Duomo di Anagni

confini precisi *genaue Grenzen* – **scarpa** *Schuh* – **contadino** *Bauer* – **era** *sie war* – **mura** *Stadtmauer* – **risalire** *zurückliegen* – **secolo** *Jahrhundert* – **terremoto** *Erdbeben* – **sono stati distrutti** *sie sind zerstört worden* – **erano** *sie waren* – **medioevo** *Mittelalter* – **indire** *hier: einführen* – **cioè** *das heißt* – **orgoglioso** *stolz* – **origine** *Ursprung*

Attività di lavoro

1. Domande sul testo:
   - Da dove viene il nome «Ciociaria»?
   - Perché Frosinone non è importante dal punto di vista turistico?
   - Come mai Anagni è detta «la città dei papi»?

2. Cruciverba
   Le lettere nelle caselle in grassetto indicano il nome delle scarpe dei contadini.
   1 Una piccola regione a sud-est di Roma.
   2 La regione dove si trova la Ciociaria.
   3 Il papa che ha indetto il primo Anno Santo.
   4 Il più famoso ciociaro della storia.
   5 Sinomino di papa.
   6 Ha distrutto Frosinone nel 1350.

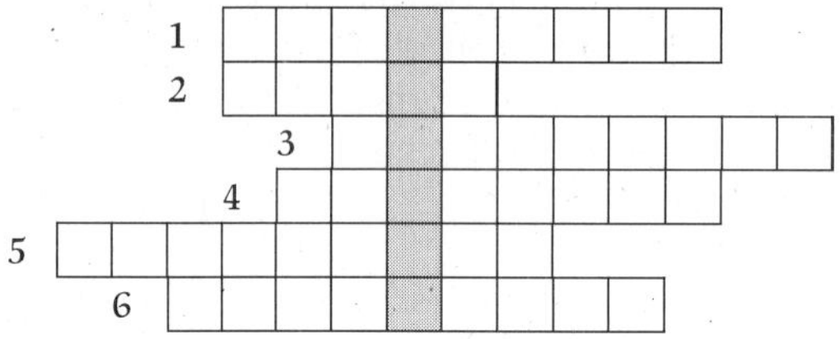

3. Sostituite le parti in **neretto** con espressioni del testo.
   - Frosinone è **la città più importante** della Ciociaria.
   - Frosinone è una città **piena di vita.**
   - Cicerone è stato un **famoso** ciociaro.
   - Anagni è una città **con molti** monumenti storici.

4. Facciamo una ricerca.
   Nel testo si parla di saraceni, normanni, svevi, angioini. Raccogliete alcune informazioni e dite chi erano e da dove venivano.

Il Po

Facciamo un viaggio nel passato e torniamo a milioni di anni fa. Il mare Adriatico in questo periodo arriva fino ai piedi del Monviso. Con il passare del tempo il mare si ritira, le correnti dei fiumi portano a valle detriti e ciottoli strappati alle montagne; si forma così la pianura padana che prende appunto il nome dal Po, il fiume più importante che la attraversa. Il Po è anche il fiume più lungo d'Italia (652 km): va dal Monviso al mare Adriatico e attraversa le regioni Piemonte, Lombardia, Emilia e Veneto. Durante questo lungo cammino riceve le acque di molti altri fiumi.

Nella produzione dell'energia nazionale il Po ha un ruolo importante, soprattutto per il numero delle centrali idroelettriche e termoelettriche che si trovano lungo il suo bacino. Inoltre è sempre stato e continua ad essere una importante via di comunicazione. Già gli etruschi usavano questa via d'acqua per portare i loro prodotti in Lombardia. E anche oggi le chiatte vanno continuamente su e giù per il fiume con i loro carichi.
Infine il Po è diventato famoso anche dal punto di vista turistico. Infatti da alcuni anni si organizzano gite lungo le sue rive per visitare i luoghi testimoni della nostra storia.

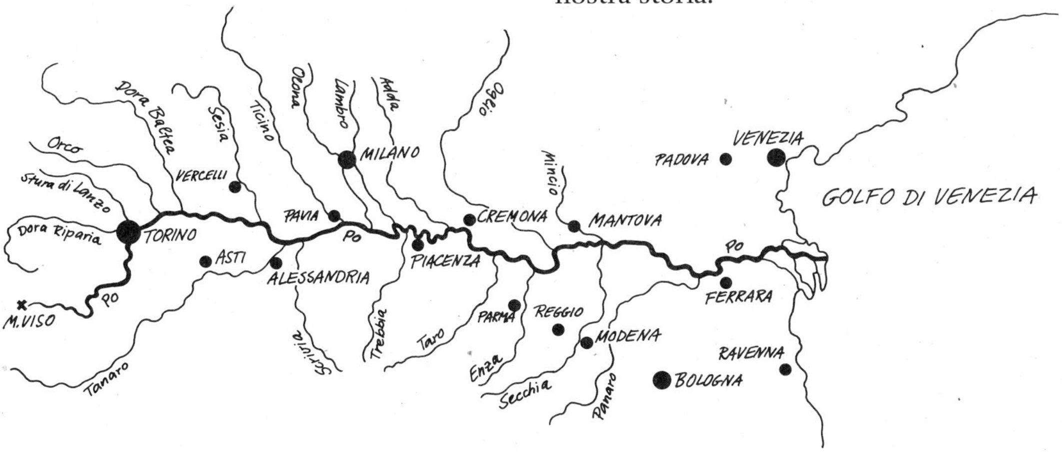

detrito Geröll, (Gesteins)schutt – **ciottolo** *Kieselstein* – **appunto** *hier: deswegen*
bacino *Wassereinzugsgebiet* – **usavano** *sie benutzten* – **chiatta** *Lastkahn* – **carico** *Ladung* – **riva** *Ufer* – **testimone** *Zeuge*

Attività di lavoro

1. Trovate nel testo le espressioni corrispondenti a:

Fluß	Tal
Strömung	Verbindungsstraße
Ebene	(Wasser)kraftwerk

2. Adesso che avete letto il testo che cosa sapete del fiume Po? Raccontate.
3. Guardate sulla cartina il percorso del Po.
   Quali città attraversa? Le conoscete?
   Quali fiumi portano le loro acque al Po?
4. In Italia ci sono molti altri fiumi importanti. Li conoscete? Quali città attraversano?
5. Leggiamo spesso che il Po è inquinato *(verschmutzt)*.
   Avete letto anche voi qualche cosa su questo problema?
   Anche nel vostro paese ci sono fiumi inquinati? Come mai?

L'arte di dipingere i muri

L'arte di dipingere i muri è un'arte antica e ha dato colore alle piazze, alle strade, ai vecchi palazzi di molte città e paesi italiani.
Anche ad Orgosolo, in Sardegna, dagli anni '60 si dipingono murales. Con i murales la gente rappresenta al mondo i suoi problemi: il desiderio di avere un lavoro, la paura dell'energia nucleare, la lotta per l'emancipazione della donna, il problema degli anziani e non ultimo, il banditismo.
«Non vogliamo fare i banditi vogliamo lavorare», grida un operaio. Ma alle sue spalle ci sono solo fabbriche chiuse.

dipingere *malen* – **colore** *Farbe* – **gridare** *schreien* – **alle sue spalle** *hinter ihm* – **chiuso** *geschlossen*

Attività di lavoro

1. Trovate nel testo le espressioni corrispondenti a:
   alte Leute – Kernenergie – Kampf – Angst

2. Rispondete.
   - Che cos'è un murale?
   - Quali problemi rappresentano i murales di Orgosolo?
   - Quali vocaboli del testo indicano elementi che fanno parte di una città?
   - Quali altri elementi ci sono in una città?
   - Anche nella vostra città ci sono murales? Che cosa rappresentano?

3. Lavoriamo con la fantasia.
   Il muro del vostro garage è triste e grigio. Dipingete un murale. Che cosa dipingete?

Carabinieri, come un secolo fa

Basta con il passato, più democrazia in caserma

I carabinieri sono una parte dell'esercito italiano. Che compiti hanno i carabinieri? È difficile dirlo con poche parole. Prima di tutto sono militari e hanno il compito di polizia militare e in questo caso dipendono dal ministero della difesa. Poi si occupano del servizio d'ordine e della sicurezza pubblica e allora dipendono dal ministero dell'interno. Hanno funzioni di polizia giudiziaria sia nel campo della giustizia civile sia in quello della giustizia militare e in questo caso dipendono dalle autorità giudiziarie. Infine hanno compiti di polizia in settori specializzati come quelli del traffico, dell'emigrazione, del lavoro eccetera. Insomma sono presenti in molti campi della vita pubblica.
In questi ultimi anni lo stipendio dei 107.000 carabinieri italiani è migliorato, ma la loro vita non è cambiata molto da quasi cent'anni. Sono militari e quindi devono rispettare un regolamento: questo regolamento è del 1911 e tra le altre cose dice che i carabinieri non possono avere un sindacato proprio, possono sposarsi solo dopo 4 anni di servizio, se non sono sposati devono abitare in caserma anche se hanno più di 50 anni, non possono restare al loro paese o in un luogo dove abitano dei parenti, né in un posto dove la moglie o i parenti della moglie hanno delle proprietà. I carabinieri non sono contenti della loro situazione: non vogliono la rivoluzione, vogliono rimanere militari, ma vogliono un regolamento più moderno, vogliono più democrazia nelle caserme.

esercito *Armee* – **dipendere** *abhängen, abhängig sein* – **servizio d'ordine** *Ordnungsdienst* – **sicurezza pubblica** *öffentliche Sicherheit* – **giudiziario** *Gerichts-, gerichtlich* – **proprietà** *Eigentum*

Attività di lavoro

1. Domande sul testo:
   - I carabinieri chi sono?
   - Quanti sono?
   - Che cosa fanno?
   - Che cosa vogliono?
2. Che cosa indicano i seguenti numeri nel testo?
   107.000 - 1911 - 4
3. Completate con i verbi mancanti.
   I carabinieri
   ... una parte dell'esercito italiano.
   ... il compito di polizia militare.
   ... dal ministero della difesa.
   ... rispettare un regolamento.
   ... sposarsi solo dopo 4 anni di servizio.
   ... rimanere militari.
4. Combinate le espressioni corrispondenti.

secolo	Besitz
campo	Jahrhundert
sindacato	Dienst
servizio	Gewerkschaft
proprietà	Bereich

5. Nel vostro paese quali compiti ha la polizia?

Facciamo una gita ... all'estero

Oggi visitiamo la più antica repubblica del mondo. Il primo documento di questo stato infatti è dell'885 d. C. Si trova nel Centro-Italia fra la Romagna e le Marche, ha una superficie di 60 km^2 e una popolazione di 22.000 abitanti. La capitale di questo piccolissimo stato si trova sul monte Titano. A capo dello stato e dell'esercito sono i due Capitani reggenti che vengono eletti due volte all'anno, il 1° aprile e il 1° ottobre.

estero *Ausland* – **capitale** *Hauptstadt* – **esercito** *Armee* – **vengono eletti** *sie werden gewählt*

Ai piedi del monte Titano c'è Borgo Maggiore, un piccolo centro molto bello e caratteristico. Qui, da secoli, una volta alla settimana ha luogo un grande mercato all'aperto che è un punto d'incontro per la gente di tutti i paesi vicini.

Nel 1607 in questa piccola repubblica incomincia il primo servizio postale del mondo. Tutti lo possono usare e tutti devono pagare, anche le autorità. Nel 1877, prima fra i piccoli stati europei, la repubblica decide di usare francobolli propri. Da allora i francobolli sono un'importante fonte di guadagno per lo stato. Alcuni di questi francobolli, creati dai più famosi artisti contemporanei da Greco a Guttuso, sono delle vere opere d'arte.

proprio *eigen* – **secolo** *Jahrhundert*

Attività di lavoro

1. Trovate nel testo le espressioni corrispondenti a:

Bevölkerung	Behörde
Oberfläche	Einnahmequelle
regierend	zeitgenössisch
stattfinden	Kunstwerk

2. Come si chiama questa repubblica?
   Trovate le soluzioni richieste. Le lettere iniziali danno il nome della repubblica.
   1 Ha 7 giorni.
   2 In questa repubblica sono 22.000.
   3 Il contrario di «sì».
   4 Lo è Titano.
   5 Non tutti.
   6 Un sinonimo di «restare».
   7 Per la gente dei paesi vicini è un punto di...
   8 In + il.
   9 Anche in questo mese vengono eletti i due Capitani.

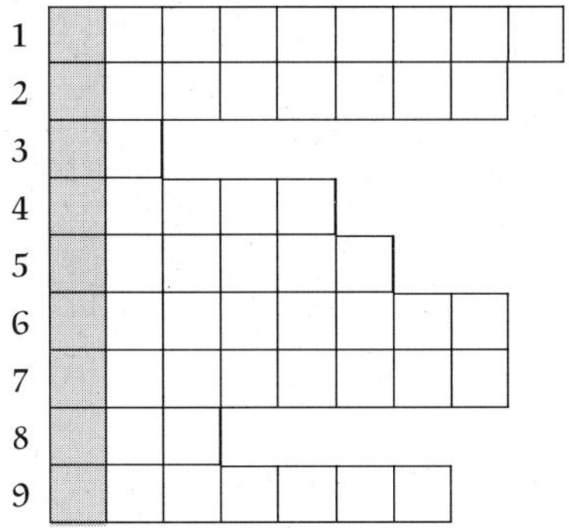

3. Cercate nel testo le espressioni corrispondenti alle seguenti indicazioni:
   - Posto dove si va per comprare o per incontrare altra gente.
   - Lo sono Greco e Guttuso.
   - Lo sono i francobolli creati da famosi artisti.
   - Cento anni.
   - Sette giorni.

4. Trovate nel testo le espressioni di tempo e di luogo.

5. A che cosa si riferiscono le seguenti date?

885 d. C.	1607
1° aprile	1877
1° ottobre	

6. Avete visitato questa repubblica? Raccontate.
   Conoscete altri piccoli stati sul territorio italiano?

Lucullo e i suoi eredi

Lucullo è rimasto famoso nella storia non solo come stratega ma soprattutto come buongustaio. Infatti un pranzo particolarmente ricco si chiama ancora oggi «pranzo luculliano».
All'epoca di Lucullo i romani, ricchi e potenti, portano a Roma le specialità di tutto il mondo allora conosciuto. Per esempio dall'Arabia arriva il carciofo che nelle trattorie di Trastevere si prepara oggi come allora «alla giudia»: con olio, aglio, prezzemolo, sale e pepe. I romani importano non solo prodotti gastronomici, ma anche cuochi e pasticcieri, e questi a caro prezzo. Il prezzo di un pasticciere o di un cuoco dipende dal suo peso, per questo le signore che vogliono risparmiare preferiscono cuochi magri.
Lo storico Plinio scrive che per avere un cuoco perfetto bisogna spendere tanto quanto è necessario per ricostruire un arco di trionfo. Se un cuoco prepara un pranzo veramente eccezionale, per esempio filetti di gazzella dell'Egitto o bistecche di cinghiale della Gallia o brodo di gobba di cammello, viene chiamato nella sala del banchetto e riceve i complimenti degli invitati, ma se un piatto non è perfetto, il padrone di casa in persona lo frusta davanti a tutti.
Nel medioevo sono i papi che influenzano la cucina romana. Per Leone X dei Medici, ad esempio, le lingue dei pappagalli sono una delicatezza. Meno esotico è il gusto di papa Paolo III Farnese che trova però un importante «accessorio» per gli spaghetti: il parmigiano, che ancora oggi è presente su ogni tavola italiana.

potente *mächtig* – **aglio** *Knoblauch* – **prezzemolo** *Petersilie* – **dipendere** *abhängen* – **cinghiale** *Wildschwein* – **gobba** *Höcker* – **viene chiamato** *er wird gerufen* – **frustare** *auspeitschen*

Attività di lavoro

1. Trovate nel testo le espressioni corrispondenti a:

Feinschmecker	beeinflussen
dünn	üppig
Konditor	Mittelalter
Gewicht	Triumphbogen

2. Domande sul testo:
   - Che cosa significa «alla giudia»?
   - Di quali prezzi si parla nel testo?
   - Qual è, secondo voi, l'informazione principale contenuta in ogni paragrafo?

3. Completate le frasi con l'aiuto del testo.
   - Lucullo .... famoso .... buongustaio.
   - Il carciofo .... a Roma dall'Arabia.
   - I romani .... prodotti .... cuochi e pasticcieri.
   - Il prezzo di un cuoco .... suo peso.
   - I papi .... la cucina romana.
   - Papa Paolo III .... un .... «accessorio» per gli spaghetti.
   - Il parmigiano .... su .... tavola italiana.

4. Trovate nel testo gli aggettivi che si riferiscono a:
   romani – pranzo – cuochi – prodotti

5. Cercate nel testo la parola che indica:
   - un pranzo con molte portate.
   - una persona che ama la buona tavola.
   - un locale tipico italiano.
   - una persona che lavora in cucina.
   - un formaggio che sta bene sugli spaghetti.

Il delta del Po

Il delta è sempre bello: in primavera con il Po pieno d'acqua, in estate sotto il sole, in autunno quando c'è la nebbia, d'inverno quando l'acqua diventa ghiaccio. È un paesaggio piatto. Non ci sono colline né alberi, solo praterie, canneti e acqua. In questa zona la Repubblica di Venezia mandava in esilio i cittadini scomodi.

prateria *Grasland* – **canneto** *Schilfdickicht* – **mandava** *sie schickte*

Dalla Guida Rapida d'Italia TCI

Da secoli la pesca dà lavoro alla gente del posto. Il ritorno in porto dei pescatori è ogni giorno una piccola festa. Il pesce viene scaricato e portato subito al mercato per l'asta pubblica. I prezzi sono in scudi o baiocchi e non in lire, come ai tempi dello Stato Pontificio.
Fino a pochi anni fa la zona era molto povera. Il boom economico è venuto con le cooperative. Oggi la gente vive abbastanza bene, ma è rimasta la paura delle alluvioni: bastano pochi giorni di pioggia e subito il grande fiume si alza e tutti rimangono svegli anche la notte per controllare il livello dell'acqua.

viene scaricato *er wird ausgeladen* – **asta** *Versteigerung* – **era povera** *sie war arm* – **alluvione** *Überschwemmung*

Attività di lavoro

1. Trovate nel testo le espressioni corrispondenti a:
   Angst – unbequem – flach – Hügel – arm

2. Rispondete.
   – Quali sono le 4 stagioni dell'anno?
   – Quando incominciano?
   – Quando finiscono?

3. Domande sul testo:
   In quale stagione...
   – il Po è pieno d'acqua?
   – c'è molto sole?
   – c'è la nebbia?
   – l'acqua diventa ghiaccio?
   Quando...
   – è bello il delta?
   – è una piccola festa?
   – i pescatori portano il pesce al mercato?
   – la gente ha paura delle alluvioni?
   – tutti rimangono svegli?
   Come...
   – è il paesaggio del delta?
   – si paga il pesce all'asta pubblica?
   – vive la gente oggi?

4. Intervistate il vostro vicino e chiedetegli:
   – quale stagione preferisce.
   – quale paesaggio gli piace di più.
   – dove ha passato le vacanze l'anno scorso.

5. Scrivete una lettera ad un'amica italiana e descrivete il paesaggio della zona dove abitate.

Le valli di Comacchio

L'antichissima città di Comacchio, comune dell'Emilia – Romagna, dà il nome alla zona. Questo nome deriva dal latino Coniaclum e significa piccolo gruppo di navi. Con i suoi numerosi canali la città ricorda molto Venezia.
Le valli di Comacchio sono famose per la pesca delle anguille. L'anguilla è un pesce di straordinaria vitalità che può vivere al freddo, al caldo, in poca acqua, anche inquinata, e non ha bisogno di mangiare molto. La stagione della pesca è in autunno.

A Comacchio ci sono molte fabbriche per la lavorazione delle anguille: prima vengono arrostite e poi lasciate in acqua, aceto, sale, pepe e foglie di alloro. Dopo circa 10 giorni vengono messe in scatola e mandate sui mercati italiani e stranieri. Le anguille sono molto richieste, soprattutto nel periodo di Natale.
Nelle valli di Comacchio con l'anguilla si mangia la polenta arrostita sulla brace e si beve il vino rosso locale. Naturalmente si va a mangiare il tutto in una tipica e semplice osteria del posto.

L'osteria della valle è in genere un'unica stanza che comprende la cucina, il bottegone che vende di tutto, il posto telefonico pubblico.

Questo locale è ancora oggi un centro economico e di comunicazione, un punto d'incontro in uno sconfinato orizzonte di canne e acqua.

valle *hier: Lagune* – **nave** *Schiff* – **ricordare** *erinnern an* – **anguilla** *Aal* – **vengono arrostite** *sie werden gebraten* – **aceto** *Essig* – **foglia di alloro** *Lorbeerblatt* – **richiesto** *gefragt* – **brace** *Holzkohle* – **comprendere** *enthalten* – **bottegone** *Kramladen* – **sconfinato** *grenzenlos, unendlich* – **canna** *Schilf*

Attività di lavoro

1. Cercate nel testo le parole o espressioni corrispondenti alle seguenti definizioni:
   - stagione che va da ottobre a dicembre
   - acqua molto sporca
   - attività o sport che si fa dove c'è l'acqua
   - molto vecchia
   - locale semplice dove si mangia e si beve
   - 25 dicembre
2. Domande sul testo:
   - Che cos'è l'anguilla?
   - Che cosa vuol dire Comacchio?
   - Qual è l'attività principale di questa città?
   - Che cosa si beve e si mangia con le anguille?
   - Che cos'è il bottegone?
3. Conoscete il significato di questi modi di dire?
   «Non è né carne né pesce.»
   «Non sa che pesci prendere.»
   «Questo è un pesce d'aprile.»
   «Chi dorme non piglia pesci.»
4. Adesso sappiamo da dove deriva il nome «Comacchio». Conoscete l'origine di nomi di altre città?
5. Nel vostro paese l'anguilla è un pesce conosciuto?
   Voi avete mai mangiato l'anguilla? In quale occasione?

Prato

... Tutto a Prato finisce: bandiere
d'ogni nazione, uniformi di generali
e di soldati d'ogni esercito, e sottane
da prete, calze da monsignore,
porpore di cardinali, toghe di magistrati ...
veli da sposa, trine ingiallite,
fasce di neonati ...

CURZIO MALAPARTE

Nelle strade di Prato e intorno a Prato, fra Firenze e Pistoia, si incontrano autocarri carichi di stracci e vestiti vecchi che qui a Prato vengono riciclati e trasformati in nuove stoffe a buon prezzo.
Vicino a Firenze, Prato, con tutta questa roba vecchia, sembra una Cenerentola: raccoglie e seleziona stracci di tutto il mondo. Accanto a un'uniforme dell'Esercito della Salvezza di Chicago ecco un kimono fiorito, e poco più in là un vecchio cappello tirolese.
Da secoli a Prato si tesse e si fila. Il pioniere dell'industria tessile è stato Francesco Datini, nato nel 1335, che già allora estese il commercio in tutta l'area mediterranea.
Dopo la seconda guerra mondiale l'industria tessile tradizionale è stata modernizzata ed oggi Prato produce anche merce di alta qualità per compratori esigenti ed esporta stoffe in tutta Europa.
Una testimonianza dello sviluppo dell'industria tessile la offre il «Museo del Tessuto» a Prato, dove accanto ai vecchi telai troviamo le stoffe più belle delle diverse epoche.

trina *Spitze* – **fascia** *Windel* – **straccio** *Lumpen* – **vengono riciclati** *sie werden wiederverwendet* – **raccogliere** *sammeln* – **tessere** *weben* – **filare** *spinnen* – **che ... estese** – *der ... ausweitete* – **testimonianza** *Beweis, Zeugnis* – **telaio** *Webstuhl*

Attività di lavoro

1. Trovate nei testi le espressioni corrispondenti a:

Priester	Weltkrieg
Fahne	Ware
Brautschleier	anspruchsvoll
Talar	Entwicklung
Aschenputtel	

2. Cercate nel testo il contrario di:

caro	oggi
nuovo	importare
lontano da	moderno

3. Nel testo ci sono 5 capoversi. Indicate per ogni capoverso l'informazione principale:
   1: ....
   2: ....
   3: ....
   4: ....
   5: ....
4. Rispondete.
   - Che cosa fate con i vestiti vecchi? Li conservate?
   - Che cosa può essere riciclato?
   - Perché oggi si cerca di riciclare tutto quello che è possibile?
   - E dove vanno a finire i rifiuti e la roba vecchia a casa vostra?
5. Facciamo una ricerca.
   Conoscete ora l'importanza di Prato per l'industria tessile. Raccogliete delle informazioni sull'industria tessile nel vostro paese.

vecchietta – altes Weiblein

La Befana

La Befana vien di notte
con le scarpe tutte rotte
con le toppe alla sottana (Umhang)
viva viva la Befana.

La notte dell'Epifania in Toscana, ma anche in molte altre parti d'Italia, i bambini aspettano regali.
Prima di andare a dormire, mettono una calza vicino al camino o fuori dalla finestra e quando si alzano la trovano piena di piccoli regali e dolci, se durante l'anno sono stati buoni, se invece sono stati cattivi, la trovano piena di carbone.
Chi porta queste cose? La Befana: un personaggio mitico che la fantasia popolare rappresenta come una brutta vecchia che vola su una scopa per il cielo e va di tetto in tetto con un gran sacco pieno di regali. Quando i bambini dormono scende giù dal camino, in silenzio, perché nessuno la deve vedere e riempie le calze.

La Befana è una figura popolare molto amata dai ragazzi italiani. Il suo nome viene dalla parola greca «epipháneia» che vuol dire «manifestazione della divinità attraverso chiari segni». Con il passare del tempo, attraverso il latino, siamo arrivati a «Epifania» e anche a «Befania». Oggi per i cristiani l'Epifania è la festa che ricorda la visita dei re Magi a Gesù Bambino nella grotta di Betlemme; ma per i bambini il 6 gennaio è soprattutto la festa della Befana.

toppa *Flicken* – **viva** *es lebe* – **carbone** *Kohle* – **tetto** *Dach* – **nessuno** *niemand* – **i re Magi** *die Heiligen Drei Könige*

scopa – Besen
riempire – füllen
giù herunter, unten

Attività di lavoro

1. Rispondete.
   - La Befana chi è? Quando viene? Che cosa fa?
   - E nel vostro paese chi ha una funzione simile?

2. Cercate nel testo le parole corrispondenti a:

fliegen	Besen (scopa)
Himmel (cielo)	Geschenk (regalo)
kaputt (rotto)	Zeichen (segno)

3. Indicate il contrario di:

notte	vecchio
bambino	piccolo
brutto	cattivo

4. Che cosa significano queste date in Italia? E nel vostro paese?

6 gennaio	1° maggio
25 dicembre	15 agosto
8 marzo	1° novembre

5. Non solo i bambini ma anche gli adulti aspettano regali. Quando? C'è un regalo che desiderate molto? Vi piace fare regali? Anche a Natale? Fra i regali che avete avuto quale vi ha fatto più piacere?

Santa Claus – Babbo Natale – Weihnachtsman
compleanno – Geb'tag   onomastico – Namenstag

Vignette

— Avete finito tutti di leggere questa pagina?

- Anche voi fate così qualche volta?
- Siete il proprietario del giornale: in una situazione simile come reagite?

— Può aspettare ancora cinque minuti che prendiamo anche il caffè?

- Secondo voi che cosa risponde la persona che guida il trattore?
- Provate a fare un dialogo tra il contadino e i due.

— Prima di criticarmi, sei sicuro di non avere un braccio più lungo dell'altro?

- Quali lavori a mano fate volentieri? Con quali risultati?
- Che carattere ha secondo voi questa donna?

Con quale o quali aggettivi commentate questa scenetta, e perché?

Collodi

Collodi è lo pseudonimo di Carlo Lorenzini, scrittore italiano nato a Firenze nel 1826 e morto in questa città nel 1890. Giornalista abbastanza famoso, incomincia a scrivere libri per ragazzi: «Il viaggio per l'Italia di Giannettino» (1876), «Minuzzolo» (1878). Nel 1880 pubblica sul «Giornale dei bambini» le «Avventure di Pinocchio. Storia di un burattino».

Nel 1883 «Pinocchio», come lo chiamano subito tutti, viene pubblicato in volume. Il successo è immediato e grandissimo. Da allora Pinocchio è entrato nella vita dei bambini di tutto il mondo.

burattino *Holzpuppe* – **in volume** *als Buch* – **immediato** *sofortig*

La storia di Pinocchio

(terza puntata)

1) Geppetto torna a casa e comincia subito a fare un burattino.

2) Trovato il nome per il suo burattino, Geppetto si mette al lavoro e fa subito i capelli, poi la fronte, poi gli occhi. Gli occhi si muovono e lo guardano fisso fisso.

3) Dopo gli occhi fa il naso, ma il naso appena fatto comincia a crescere.

4) Dopo il naso gli fa la bocca, ma non l'ha ancora finita che questa comincia a ridere e a prenderlo in giro.

5) La bocca smette di ridere, ma tira fuori la lingua.

6) Dopo la bocca Geppetto fa il mento, il collo, le spalle, lo stomaco, le braccia e le mani. Le mani appena fatte gli portano via la parrucca dal capo.

7) Geppetto diventa triste e malinconico:

8) Per ultimo Geppetto fa le gambe e i piedi. Ma ecco che …

9) Geppetto insegna a Pinocchio a camminare:

10) Appena Pinocchio ha imparato a camminare scappa in strada.

11) Pinocchio non lo ascolta. Ma ecco che un carabiniere si mette a gambe larghe in mezzo alla strada e riesce a prendere il nostro burattino per il naso:

12) Il carabiniere consegna Pinocchio a Geppetto.

13) Pinocchio ha paura di tornare a casa. Si butta per terra e piange. Molti curiosi si fermano lì vicino:

14) Insomma tanto dicono e tanto fanno che il carabiniere lascia libero Pinocchio e porta in prigione quel pover'uomo di Geppetto.

fronte *Stirn* – **legno** *Holz* – **crescere** *wachsen* – **prendere in giro** *foppen* – **tirare fuori la lingua** *die Zunge herausstrecken* – **fare finta di** *so tun, als ob* – **mento** *Kinn* – **stomaco** *Magen* – **pazienza** *hier: «Was soll ich machen?»* – **scappare** *weglaufen* – **fare i conti** *abrechnen* – **curioso** *Schaulustiger* – **picchiare** *schlagen* – **capace** *imstande* – **prigione** *Gefängnis* – **sciagurato** *unglückselig*

Attività di lavoro

1. Cercate nel testo le seguenti parole e provate a spiegarle in tedesco:

occhiacci	consegnare
arrabbiarsi	paura
tenere	buttarsi
riuscire	per bene

2. Rispondete.
   - Chi è Pinocchio? Conoscete la storia? Come finisce?
   - Che rapporto nasce, secondo voi, in queste scene tra Geppetto e Pinocchio?
   - Perché il carabiniere alla fine porta Geppetto in prigione?

3. Conoscete altri libri per bambini, famosi in tutto il mondo?

4. Raccontate brevemente una favola: dividetevi in gruppi e mettete in scena, in modo semplice, una favola per gruppo.

5. A che favola appartengono questi personaggi?
   - una vecchia che regala una mela
   - una principessa che non può dormire
   - un ranocchio
   - un gatto
   - un lupo

6. Che cosa vuol dire «mettere la testa a posto»?
   Ci sono altri modi di dire in cui si usano parti del corpo? Li conoscete? Fate una ricerca e spiegateli con degli esempi.

La via Appia

La via Appia, che il poeta Stazio chiama «regina viarum» perché è la più bella delle vie romane, prende il nome dal censore Appio Claudio Cieco che nel 312 a. C. ne apre il primo tratto. Questo tratto iniziale arriva fino a Capua; solo più tardi la via Appia prosegue fino a Brindisi e diviene così il principale sbocco di Roma per i suoi traffici con l'Oriente.
A Brindisi due colonne di marmo indicano il punto dove finisce la strada. E forse l'uso di bere alla salute di chi parte per l'Oriente ha fatto nascere il detto «fare un brindisi».

Lungo il primo tratto della via Appia non ci sono solo belle ville, ma anche tombe e catacombe. Oggi nessuno si costruirebbe una villa al cimitero, ma al tempo dei romani il culto dei morti era molto sentito e la bellezza delle tombe aumentava il pregio della villa; infatti la zona dove è stata costruita la via Appia era proprio un grande cimitero.
La parte più suggestiva è la parte più antica, quella che va dalla tomba di Cecilia Metella a Casal Rotondo. Qui si può vedere ancora la pavimentazione originale con le «crepidines», i marciapiedi.

«regina viarum» *Königin der Straßen* – **proseguire** *weiterführen* – **sbocco** *hier: Verbindung* – **tomba** *Grab* – **era** *er war* – **aumentava** *erhöhte* – **pregio** *Wert*

Attività di lavoro

1. Trovate nel testo le espressioni corrispondenti a:

strada	il posto
la prima parte	modo di dire
l'est	luogo dove riposano i morti
fanno vedere	molto vecchia

2. Rispondete.
   - In quali regioni si trovano Capua e Brindisi?
   - Quando si fa un brindisi che cosa si dice?
   - Conoscete qualche espressione per augurare qualcosa a qualcuno?

3. C'è qualche strada particolarmente bella nel vostro paese? E in Europa? Parlatene.

Acqua e vino

Quanno me trovo de cattivo umore
un bon goccetto m'arillegra er core,
m'empie de gioia e me ridà la pace:
nun vedo più nessuno e in quer momento
dico le cose come me la sento.

TRILUSSA

Versione in italiano:

Quando mi trovo di cattivo umore
un buon goccetto mi rallegra il cuore,
mi riempie di gioia e mi ridà la pace:
non vedo più nessuno e in quel momento
dico le cose come me la sento.

Trilussa – pseudonimo di Carlo Alberto Salustri, 1873–1950 – è un popolarissimo poeta dialettale. La sua poesia, scritta in dialetto romanesco, è quasi sempre satira politica e sociale. Non mancano comunque momenti di malinconia soprattutto quando parla degli amori che finiscono, della solitudine o della vecchiaia.

cattivo umore *schlechte Laune* – **goccetto** *Tröpfchen* – **rallegrare** *erfreuen* – **riempire** *erfüllen* – **gioia** *Freude* – **popolare** *bekannt* – **vecchiaia** *Alter*

Attività di lavoro

1. Domande sul testo:
   - Quando Trilussa beve «un buon goccetto» che reazioni ha?
   - Quale verso della poesia vi fa pensare al detto «In vino veritas»?

2. Rispondete.
   - Che cosa fate voi quando siete di cattivo umore?
   - Il vino a voi piace? Quando lo bevete? Quale preferite?
   - Conoscete l'espressione «alzare il gomito»? Secondo voi che cosa vuol dire?

Dove si parla ancora l'antico altotedesco

Se ci allontaniamo una cinquantina di chilometri da Vicenza, è possibile sentire il «cimbro».
Con «cimbro» indichiamo la lingua dei cosiddetti Sette Comuni vicentini e Tredici Comuni veronesi, una lingua che si collega all'antico bavarese e all'antico altotedesco.
Secondo la leggenda, circa 2000 anni fa i cimbri, un popolo della Germania settentrionale, furono sconfitti dai romani vicino a Vercelli e furono i superstiti a fondare i comuni «cimbri» a nord di Verona e di Vicenza. Ma in realtà si trattava di colonie bavaresi le quali intorno al 600 d. C. cominciarono ad insediarsi a sud delle Alpi.
Grazie alla situazione di relativo isolamento, fino a 200 anni fa circa, il «cimbro» ha continuato ad essere la lingua degli abitanti della zona. Ma la vita moderna e l'emigrazione hanno portato grandi cambiamenti anche in questi paesi e la lingua ne ha sofferto molto: sono poche, infatti, le persone che oggi la parlano ancora. Il «cimbro» poi, come quasi tutte le lingue minori, cioè lingue usate da un numero limitato di persone, è una lingua soprattutto parlata e i documenti scritti sono pochi. Per fortuna sono nate alcune organizzazioni, come il Curatorium Cimbricum veronese e il Curatorium Cimbricum della Baviera, che cercano di «salvare il salvabile», cercano cioè di tenere in vita questa tradizione culturale con corsi di lingua, conferenze e spettacoli folcloristici.

allontanarsi *sich entfernen* – **furono sconfitti** *sie wurden geschlagen* – **furono i superstiti a ...** *hier: es waren die Überlebenden, die ...* – **si trattava** *es handelte sich* – **le quali** *welche* – **cominciarono** *sie begannen* – **insediarsi** *sich ansiedeln* – **soffrire** *leiden* – **salvare** *retten*

SLEGE UN LUSAAN GENEBE UN VÜSCHE GHEL ROTZ ROBAAN DISE SAINT SIBEN ALTEN KOMEUN PRÜDERE LIBE

Asiago e Lusiana, Enego e Foza, Gallio, Rotzo, Roana, questi sono i Sette Antichi Comuni, fratelli cari

Attività di lavoro

1. Domande sul testo:
   - Il «cimbro» che cos'è?
   - Dove si parla?
   - Come è sopravvissuto?
   - Che cosa si fa oggi per salvare questa lingua?
2. Conoscete un'altra lingua minore parlata in Italia? Sapete dove si parla?
   In altri paesi d'Europa ci sono lingue minori?
3. Siete anche voi membri di qualche organizzazione?
   Qual è lo scopo della vostra organizzazione?
   Conoscete qualche altra organizzazione a scopo culturale?

Le case di ringhiera

La casa di ringhiera, tipico esempio di architettura milanese della fine del secolo scorso, è un casamento con tanti appartamenti che appartengono ad un unico proprietario.
Questi appartamenti hanno di solito due camere e sono affittati a gente che si accontenta di poco, perché non hanno né il gabinetto né l'acqua corrente. Ogni ballatoio ha un gabinetto che serve per tutte le famiglie che abitano su quel piano. Sul ballatoio c'è una fontanella e qui si prende l'acqua.
Il ballatoio è il punto d'incontro della gente che abita questa casa: tutti sanno tutto di tutti e se un vecchio vive solo o una ragazza è malata c'è sempre qualcuno che porta loro una zuppa.
Naturalmente oggi molte case di ringhiera sono cambiate, sono state ristrutturate: sono spariti i gabinetti in comune e le fontanelle, gli appartamenti sono diventati abitazioni per raffinati bohémien o pied-à-terre per incontri amorosi.
Anche le case di ringhiera che non sono ancora state ristrutturate sono cambiate perché è cambiata la gente che le abita.
In queste case si parla e si canta ancora in dialetto, ma è raramente dialetto milanese; per lo più è napoletano, pugliese, siciliano e calabrese.
Oggi milanesi non si nasce, ma si diventa.

ringhiera *Geländer* – **casa di ringhiera** *Wohnblock in Atriumform* – **secolo** *Jahrhundert* – **casamento** *Wohnblock* – **appartenere** *gehören* – **ballatoio** *durchgehender Balkon, der auch als Gang dient* – **ristrutturare** *umbauen* – **sparire** *verschwinden* – **pied-à-terre** *kleine Zweitwohnung*

Attività di lavoro

1. Domande sul testo:
   - Di che epoca sono le case di ringhiera?
   - Com'è il «comfort» di queste case, prima e dopo la ristrutturazione?
   - Che funzione ha il ballatoio?
   - Chi abita oggi nelle case di ringhiera non ristrutturate e in quelle ristrutturate?
   - Secondo il testo le case di ringhiera presentano anche lati positivi. Quali sono?
   - Come mai nelle case di ringhiera non si sente parlare quasi più il dialetto milanese?
   - Cosa significa l'ultima frase del testo: «Oggi milanesi non si nasce, ma si diventa»?

2. Trovate nel testo le espressioni corrispondenti a:
   cento anni fa
   quasi sempre
   piccola fontana
   una o più camere dove si vive
   rinnovare/rimodernare

3. Cercate nel testo gli aggettivi che accompagnano questi sostantivi:

esempio	bohémien
secolo	incontri
acqua	dialetto

4. La descrizione dell'autore vi sembra neutrale o rivela delle emozioni?

5. «Ristrutturare» è il verbo che usiamo per indicare i lavori che si fanno in una casa *vecchia*. Quale verbo usiamo per indicare i lavori che si fanno in una casa *antica?*

6. Come vi immaginate le case di ringhiera ristrutturate? Sapete descrivere l'abitazione di un raffinato bohémien o un pied-à-terre?

7. Questo testo vi ricorda una canzone, un racconto, un film che avete visto? Se sì, quale?

Per chi non è settentrionale «doc» mancano camere o posti nei pensionati

Padova inospitale con gli studenti del Sud

Anche le suore non vogliono studenti meridionali

Padova. «Sei qui per una camera? Un momento!» La ragazza va nell'altra stanza, ma lo studente sente tutto. «Mamma, c'è uno studente. Però è meridionale. Che faccio?» La risposta è secca: «Devi dire che non c'è posto.»
Per gli studenti meridionali che desiderano frequentare le università del Nord trovare una camera è un problema serio. I privati hanno spesso dei pregiudizi verso gli studenti che vengono dal Sud e lo dicono o lo fanno capire abbastanza chiaramente. I pensionati e i collegi invece non parlano di razzismo, ma hanno trovato un trucco per non prendere gli studenti del Sud e gli studenti stranieri: affittare le camere solo per la settimana corta, dal lunedì al venerdì. E così queste camere sono interessanti solo per chi abita vicino e può tornare a casa per il fine settimana.
Secondo i responsabili dei pensionati e dei collegi religiosi si tratta solo di problemi di organizzazione interna, non di razzismo: le suore dicono che hanno bisogno di un giorno tutto per loro, che non possono stare sempre con le ragazze, ma devono anche vivere la loro vita di suore.

secco *schroff* – **collegio** *Internat*

Attività di lavoro

1. Domande sul testo:
   - Che problemi hanno gli studenti meridionali?
   - Qual è l'atteggiamento dei privati verso gli studenti meridionali?
   - Quale trucco hanno trovato i pensionati e i collegi?
   - Che significato ha la parola «doc»? Normalmente dove viene usata?
2. Sostituite le parti **in neretto** con espressioni del testo.
   - Per chi non è **del Nord non ci sono** camere o posti nei pensionati.
   - Gli studenti **che vengono dal Sud.**
   - Gli studenti **di altri paesi.**
   - Gli studenti che desiderano **andare all**'università.
   - Chi torna a casa **dal venerdì al lunedì.**
   - I collegi hanno trovato un **modo** per non prendere gli studenti del Sud.
   - Secondo i responsabili **sono** solo problemi di organizzazione.
   - Padova **non ospitale** verso gli studenti meridionali.
3. Rispondete.
   - Com'è la situazione nella vostra città per quanto riguarda la vita/l'alloggio degli studenti?
   - Anche nel vostro paese ci sono dei pregiudizi? Verso chi? Come mai?
4. Con il vostro vicino continuate brevemente il dialogo fra la ragazza e lo studente.

I mesi

Dice Gennaio: – Chiudete quell'uscio.
Dice Febbraio: – Io sto nel mio guscio.
Marzo apre un occhio e inventa i colori.
Aprile copre ogni prato di fiori.
Maggio ti porge la rosa piú bella.
Giugno ha nel pugno una spiga e una stella.
Luglio si beve il ruscello d'un fiato.
Sonnecchia agosto nel prato sdraiato.
Settembre morde le uve violette.
Piú saggio ottobre nel tino le mette.
Novembre fa d'ogni sterpo fascina.
Verso il presepe Dicembre cammina.

RENZO PEZZANI

Renzo Pezzani (1898–1951) di Castiglione Torinese, poeta e scrittore di molti libri per ragazzi.

guscio *Schale, Haus* – **inventare** *erfinden* – **d'un fiato** *in einem Zug* – **sdraiato** *ausgestreckt* – **mordere** *beißen* – **saggio** *weise* – **sterpo** *Gestrüpp*

Attività di lavoro

1. Rimettete in ordine:
   Gennaio dice: «Io sto nel mio guscio.»
   Febbraio inventa i colori.
   Marzo ha nel pugno una spiga.
   Aprile dice: «Chiudete quell'uscio.»
   Maggio morde le uve violette.
   Giugno apre un occhio.
   Luglio sonnecchia nel prato sdraiato.
   Agosto cammina verso il presepe.
   Settembre copre ogni prato di fiori.
   Ottobre fa d'ogni sterpo fascina.
   Novembre ti porge la rosa più bella.
   Dicembre si beve il ruscello d'un fiato.

2. Trovate nel testo le espressioni corrispondenti a:

porta	va
piccolo fiume	rimango
ti dà	mano chiusa

3. Qual è la caratteristica di ogni mese secondo la poesia?

4. Con che cosa fanno rima le seguenti parole? Cercate nella poesia. Usate poi le rime per scrivere dei versi insieme al vostro vicino.

uscio	d'un fiato
colori	violette
bella	fascina

5. Qual è …
   – il vostro mese preferito?
   – il vostro colore preferito?
   – il vostro fiore preferito?

6. Da questa poesia scegliete le 5 parole che vi piacciono di più e confrontatele con quelle degli altri partecipanti al corso.
   Con le 5 parole che sono state scelte più spesso scrivete un brevissimo racconto o una breve poesia.

Il monachesimo occidentale

In ogni tempo, anche prima del Cristianesimo, l'anima orientale ha trovato una risposta alla propria sete di soprannaturale in una vita solitaria, di preghiera, di contemplazione e di penitenza.
Con l'arrivo del Cristianesimo, in Oriente cominciano a nascere dei conventi dove i monaci si riuniscono per cercare insieme la comunione con Dio. La caratteristica principale del monachesimo orientale è il distacco dal mondo per vivere una vita di contemplazione.
A questo tipo di monachesimo si contrappone quello occidentale più pratico e più inserito nella realtà. Questo diverso modo di vedere il monachesimo lo dobbiamo a S. Benedetto da Norcia che nel 529 d. C. fonda il convento di Montecassino, il più importante centro monastico d'Occidente. «Ora et labora» (prega e lavora) è il motto dei monaci benedettini. La regola che Benedetto in origine scrive per il convento di Montecassino diventa presto la regola del monachesimo occidentale. I monasteri benedettini creano un nuovo tipo di società basato non sulla proprietà privata, ma sulla solidarietà collettiva. Romani e barbari, ricchi e poveri, nobili e plebei, vivono insieme come fratelli sotto la guida dell'abate. I monaci coltivano o fanno coltivare le terre attorno al monastero. Il monastero diventa il centro di un piccolo mondo economico che produce il necessario alla vita degli abitanti; quello che è in più viene messo in vendita, così spesso attorno al convento nasce anche un centro di scambi commerciali, un mercato. Ma l'importanza maggiore dei conventi benedettini sta nella loro funzione di conservatori di cultura e civiltà. In un'epoca di grande analfabetismo nei monasteri benedettini si continua a studiare e a scrivere: i monaci continuano a copiare le opere degli scrittori antichi, pagani e cristiani, e salvano così quei testi per le generazioni future.

monachesimo *Mönchtum* – **anima** *Seele* – **preghiera** *Gebet* – **penitenza** *Buße* – **distacco** *Abkehr* – **fondare** *gründen* – **monastero** *Kloster* – **guida** *Führung* – **coltivare** *anbauen* – **viene messo in vendita** *es wird verkauft* – **opera** *Werk*

Attività di lavoro

1. Domande sul testo:
   - Che differenza c'è fra il monachesimo orientale e quello occidentale?
   - Quali informazioni dà il testo sul monastero di Montecassino?
   - Perché i monasteri benedettini hanno avuto una grande importanza?

2. Cercate nel testo il contrario di:

oriente	ricco
prima	plebeo
morire	grande
occidentale	moderno
d. C.	pagano

3. Completate con i verbi mancanti.
   I monaci
   ... per cercare insieme la comunione con Dio.
   ... un nuovo tipo di società.
   ... le terre attorno al monastero.
   ... a copiare le opere degli scrittori antichi.
   ... così quei testi per le generazioni future.

4. Rispondete.
   - Amate la solitudine?
   - Oggi è possibile passare le vacanze in un monastero. Vi piacerebbe?
   - Conoscete qualche monastero?
   - Avete letto il libro di Umberto Eco «Il nome della rosa» o avete visto il film tratto da questo libro? Cosa ne pensate?
   - S. Benedetto è stato scelto come patrono d'Europa. Secondo voi perché?

Gli etruschi

Nell'ottavo secolo a. C. gli etruschi abitano la regione tra l'Arno e il Tevere che viene chiamata Etruria.
Ben presto si estendono in molte altre parti d'Italia: in Campania, Umbria, Emilia, Lombardia. Da dove vengono? Non lo sappiamo con certezza. Alcuni studiosi dicono che vengono da una antichissima popolazione italica. Per altri studiosi gli etruschi sono un popolo venuto dalla Grecia o dalla Lidia o addirittura dall'India.
La lingua è una delle cose che rende gli etruschi «misteriosi». L'etrusco è scritto in un alfabeto di origine greca che si legge benissimo, ma che si capisce male. Oggi si può capire all'incirca per metà: non è poco, ma non è nemmeno molto.
Questo popolo conosce un periodo di grande splendore che inizia nel settimo secolo a. C. e dura fin quando verso la fine del quinto secolo a. C., sotto la spinta di Roma, inizia la decadenza. Gli etruschi non sono un popolo politicamente unito: l'organizzazione politica è divisa in città-stato spesso in lotta fra di loro. Però hanno in comune lo spirito di avventura, la grande religiosità, l'amore profondo per la vita, il desiderio di essere i primi in ogni campo, il culto della musica. La musica accompagna ogni momento della loro vita: a ritmo di musica si combatte e si lavora, si va a caccia e a pesca, si banchetta davanti a tavoli coperti con belle tovaglie, apparecchiati con oggetti di ceramica, bronzo, argento. Il grande amore per la vita li porta a vedere l'altra vita come la naturale continuazione di questa. Le tombe riproducono le case e sono arricchite di affreschi che nel periodo di più grande splendore rappresentano scene di gioia, poi, con l'avanzare della decadenza, diventano sempre più cupi e tristi.

estendersi *sich ausbreiten* – **non ... nemmeno** *auch nicht* – **spirito di avventura** *Abenteuerlust* – **combattere** *kämpfen*

Attività di lavoro

1. Domande sul testo:
   - Dove abitano gli etruschi?
   - Da dove vengono?
   - Come sono organizzati politicamente?
   - Che cosa hanno in comune fra di loro?
   - Perché sono «misteriosi»?
   - Come si manifesta il loro amore per la vita?
   - Che importanza ha per loro la musica?

2. Combinate le espressioni corrispondenti.

100 anni	incominciare
con certezza	insieme
iniziare	secolo
in comune	in tutte le cose
in ogni campo	grande interesse
il culto	sicuramente

3. Trovate nel testo le espressioni corrispondenti a:

Wissenschaftler	Druck
Bevölkerung	tiefe Liebe
Jagd	Folge
ungefähr	finster
Glanz	Silber

4. Cosa sappiamo degli etruschi...
   - nell'ottavo secolo a. C.?
   - nel settimo secolo a. C.?
   - nel quinto secolo a. C.?

5. Avete già visto una tomba etrusca? Raccontate.

6. La musica, quali momenti della vostra vita accompagna?

In che città siamo?

Questa è una città dove la traccia continua della storia si incontra ad ogni passo; i vari popoli che l'hanno dominata hanno lasciato numerosi e importanti ricordi della loro civiltà. Qui ci sono venuti veramente tutti: dai fenici ai greci, dai romani agli arabi, ai normanni, ai francesi, agli spagnoli.

traccia *Spur* – **ricordo** *Erinnerung* – **civiltà** *Kultur/Zivilisation*

Il passaggio delle numerose culture si rispecchia anche nella cattedrale: costruita nel 1185 sui resti di un'antica basilica romana, trasformata dagli arabi in moschea e restituita al culto cristiano dai normanni, viene poi arricchita nei secoli seguenti. Tra le sue mura riposa il corpo del grande imperatore Federico II. Grazie a lui la città diventa uno dei centri culturali dell'Europa medievale.

passaggio *Übergang* – **restituire** *zurückgeben* – **arricchire** *erweitern, ausbauen* – **imperatore** *Kaiser*

Leggiamo quello che scrive lo scrittore francese Vivan Denon nel 1785: «Questa città ha belle strade, grandi piazze, fontane pubbliche e private, passeggiate deliziose, palazzi lussuosi, donne meravigliose.» Questa descrizione è attuale ancora oggi, anche se da allora molte cose sono cambiate.

delizioso *köstlich*

Attività di lavoro

1. Rispondete.
   - In che città siamo? Dove si trova?
   - Quali informazioni ci dà il testo su questa città?
   - Voi ne sapete aggiungere altre?
2. Trovate nel testo le parole corrispondenti alle seguenti definizioni. Le iniziali di queste parole formano il nome della città.
   1 Si dice di qualcosa che ha un buon profumo.
   2 Molto vecchia.
   3 Molto elegante.
   4 Il nostro continente.
   5 Vengono da Roma.
   6 Dove pregano gli arabi.
   7 Tra ieri e domani.

1
2
3
4
5
6
7

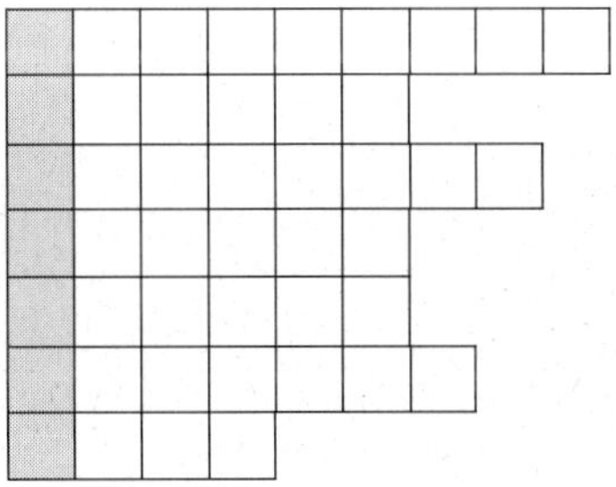

3. Il testo parla di Federico II.
   Che cosa sapete di lui? Raccontate.
   In Italia c'è un castello legato al suo nome; come si chiama?
4. Nel testo si parla di molti popoli. Raccogliete alcune informazioni su di loro.
5. Siete già stati in questa città? Qual è stata la vostra impressione? Se non ci siete stati, avreste voglia di andarci? Motivate la vostra risposta.

La Maremma

La Maremma va da Cecina a Civitavecchia, si trova fra il mare e la montagna. Fino ad alcuni decenni fa era una terra paludosa, malsana. «Maremma amara» la chiamavano i contadini che andavano là per la raccolta delle olive e del grano e spesso si ammalavano di malaria.
Ma tanti secoli fa, al tempo degli etruschi, qui c'erano città fiorenti come Populonia, Ansedonia, Roselle. La ricchezza di queste città veniva soprattutto dal commercio dei metalli della regione stessa e dell'isola d'Elba.
Al tempo dei romani la Maremma era il granaio della Toscana, ma dopo la caduta dell'impero romano, arriva la decadenza dovuta prima ai barbari venuti dal Nord poi ai saraceni arrivati dal mare e, più tardi, ai feudatari. Ed ecco che per salvarsi, gli abitanti lasciano la costa e vanno sui monti. Le terre non più coltivate diventano di nuovo terreno paludoso.
Verso il 1760, grazie ai Lorena, cominciano le opere di bonifica che vengono però interrotte dopo l'unità d'Italia e vengono riprese solo nel nostro secolo.
Verso gli anni '50 la Maremma ritorna ad essere una terra fertile come al tempo degli etruschi. Oggi qui si coltivano grano e uva e ci sono allevamenti di cavalli e buoi. Oramai la Maremma amara è diventata la dolce Maremma.

decennio *Jahrhundert* – **paludoso** *sumpfig* – **malsano** *ungesund* – **grano** *Getreide* – **caduta** *Untergang* – **salvarsi** *sich retten* – **Lorena** *Großherzöge der Toskana aus dem Haus Habsburg-Lothringen* – **(opera di) bonifica** *Trockenlegung* – **cavallo** *Pferd* – **bue** *Ochse*

Attività di lavoro

1. Trovate nel testo le espressioni corrispondenti a:

Bauern	Kornkammer *granaio*
fruchtbar	Zucht *allevamenti*
blühende Städte	Feudalherren
Handel	verursacht durch *dovuta (-) / grazie (+)*

2. Ricostruiamo il testo.
   - La Maremma fino ad alcuni decenni fa . . .
   - Al tempo degli etruschi . . . .
   - Al tempo dei romani . . . .
   - Dopo la caduta dell'impero romano . . . . .
   - Verso il 1760 . . . .
   - Verso gli anni '50 . . . .
   - Oggi . . . .

3. Ritrovate nel testo tutti gli aggettivi che accompagnano questi sostantivi:

terra	città
Maremma	terreno

4. Nel testo si parla dell'isola d'Elba. Conoscete il nome di altre isole italiane?

5. Nel testo è stata delineata la posizione geografica della Maremma. Guardate ora sulla cartina geografica e cercate di delineare allo stesso modo:
   la Romagna,
   la Ciociaria,
   la pianura padana
   e la posizione geografica della vostra regione.

6. Che cosa vi viene in mente quando leggete le espressioni «tanti secoli fa», «fino ad alcuni decenni fa»?
   E se pensate alla vostra città o alla vostra regione che cosa potete dire con queste espressioni?

7. La Toscana è forse la regione più amata dai turisti stranieri. Siete anche voi tra questi? Sapete spiegarne il motivo?

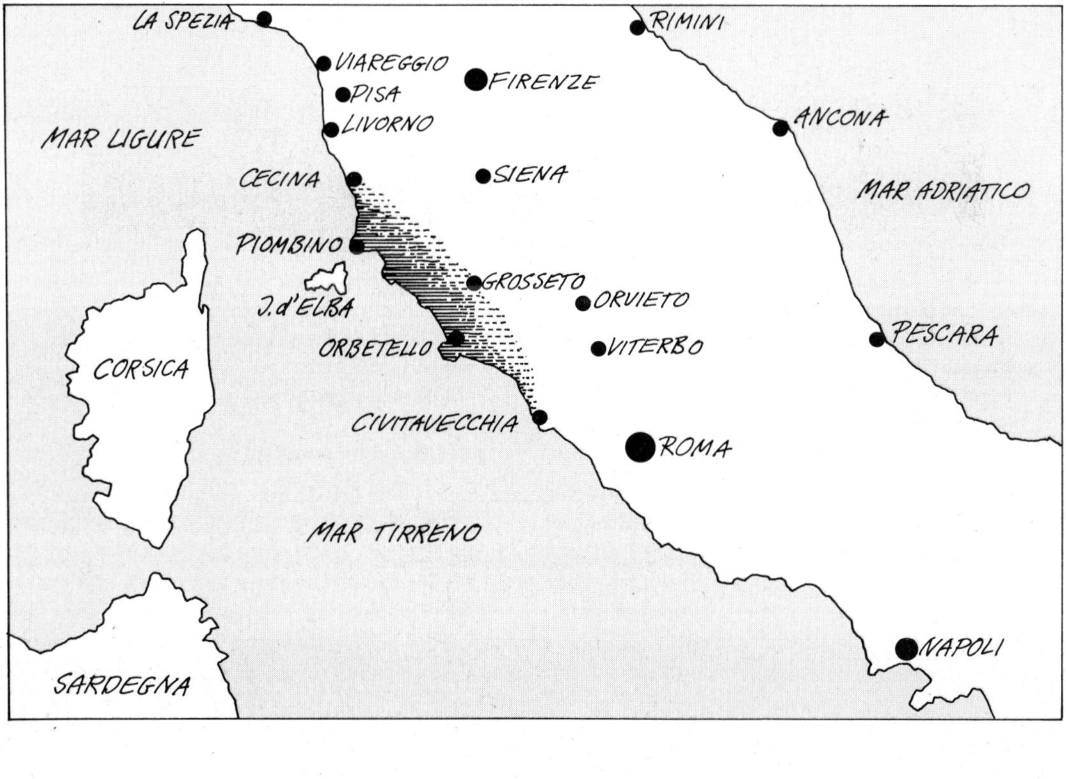

Maremma amara

Tutti mi dicon Maremma Maremma
ma a me mi pare una Maremma amara
l'uccello che ci va perde la penna
io ci ho perduto una persona cara.
Sia maledetta Maremma Maremma
sia maledetta Maremma e chi l'ama
sempre mi trema il cor quando ci vai
ché ho paura che non torni mai.

parere *scheinen* – **uccello** *Vogel* – **penna** *Feder* – **sia** *sei* – **maledetto** *verflucht* – **tremare** *zittern* – **cor** (**cuore**) *Herz*

Attività di lavoro

1. Secondo voi...
   - chi è la «persona cara»?
   - chi sono «tutti»?
   - perché la Maremma è definita «amara» e «maledetta»?
   - perché forse non si torna mai dalla Maremma?
   - che cosa significa «l'uccello che ci va perde la penna»?
2. Da quali parole o espressioni nasce la tristezza di questi versi?
3. Gli aggettivi che in questo testo accompagnano la Maremma sono «amara» e «maledetta». Quali aggettivi usereste per:
   - la Ciociaria/Frosinone?
   - il delta del Po?
   - la pianura padana?
   - Bologna?
   - il paesaggio umbro?

Gli antichi umbri

All'epoca degli antichi umbri il Tevere divideva l'Umbria di oggi in due zone distinte. Quella a sinistra del fiume era abitata appunto dagli umbri con i centri di Gubbio, Assisi, Spello, Todi; quella a destra era abitata dagli etruschi con le due importanti città di Perugia e Orvieto. Degli umbri non si sa molto perché ci sono pochissimi documenti su di loro. Di sicuro si sa che con gli etruschi non andavano tanto d'accordo e che spesso erano in guerra con loro per il controllo delle terre lungo il fiume Tevere. Ma quando i romani cominciarono la conquista dell'Italia centrale i due popoli, fino allora nemici, si allearono per resistere contro Roma. Nel 295 a. C. ci fu lo scontro decisivo: da una parte i romani, dall'altra etruschi, umbri, galli. Ma ormai contro la forza di Roma non c'era più niente da fare e le città umbre ed etrusche alla fine dovettero accettare la sconfitta.

dividere *teilen* – **distinto** *getrennt* – **cominciarono** *sie begannen* – **conquista** *Eroberung* – **si allearono** *sie vereinigten sich* – **resistere** *Widerstand leisten* – **ci fu** *es fand statt* – **scontro** *Zusammenstoß, Gefecht* – **dovettero** *sie mußten* – **sconfitta** *Niederlage*

Attività di lavoro

1. Quali delle città nominate nel testo conoscete? Raccontate.
2. Guardate su una carta geografica il percorso del Tevere e poi riferite.
3. Cercate nel testo il contrario di:
   amico — questa
   tutto — finire
   rifiutare — pace
4. L'Umbria prende il nome dagli antichi Umbri.
   Pensate al nome di altre regioni, in Italia e anche in altri paesi, e cercate casi simili.

L'Umbria di oggi

È una piccola regione nel cuore dell'Italia. Qui il paesaggio è molto bello, molto dolce, molto verde: è il paesaggio dove hanno vissuto e meditato San Benedetto, San Francesco, Santa Chiara. Qui sono nate molte opere di Cimabue e Giotto, di Raffaello e Piero della Francesca e di tanti, tanti altri pittori fino ai nostri giorni.
L'Umbria è una regione senza mare, ma non è povera d'acqua, anzi, la grande quantità d'acqua permette la produzione di elettricità non inquinante a prezzo basso. Per questo l'Umbria è stata una delle prime regioni in Italia ad avere una forte industria. L'artigianato rimane però molto importante per l'economia di questi luoghi. Fra i prodotti più conosciuti dell'artigianato umbro ci sono oggetti in ceramica, in legno, in ferro battuto, in rame. L'Umbria è chiamata «una città-regione» perché i suoi 800.000 abitanti sono distribuiti in modo molto equilibrato in tante piccole città vicine fra di loro.
Queste città si sono conservate nei secoli e con le loro vie strette e silenziose, i palazzi, le piazze, le chiese, le botteghe, sono una viva testimonianza dei tempi passati.
Il capoluogo della regione è Perugia, conosciuta in tutto il mondo non solo per i suoi tesori d'arte, ma anche per l'Università per gli stranieri.

cuore *Herz* – **non inquinante** *umweltfreundlich* – **artigianato** *Handwerk* – **equilibrato** *ausgeglichen* – **bottega** *Laden, Werkstatt* – **testimonianza** *Zeugnis* – **tesori d'arte** *Kunstschätze*

Attività di lavoro

1. Trovate nel testo le espressioni corrispondenti a:
   Wirtschaft
   Holz
   Kupfer
   Schmiedeeisen
   Keramik
2. Trovate gli aggettivi che accompagnano queste parole:
   vie
   paesaggio
   artigianato
   industria
3. Ora che avete letto il testo che cosa sapete:
   - dell'Umbria?
   - delle città umbre?
   - dell'artigianato umbro?
4. Nel testo sono ricordati santi e pittori. Sapete qualcosa di loro?
5. Se siete stati in Umbria parlate del vostro soggiorno in questa regione. Se no, parlate della regione italiana che conoscete meglio.
6. L'artigianato è diffuso in molte regioni d'Italia. Quali prodotti conoscete? Quali comprate?
7. Un proverbio italiano dice: «Per San Benedetto la rondine sotto il tetto.» Che cosa significa?